AF278536

RÉPUBLIQUE ET MONARCHIE

DANS L'ÉTAT ACTUEL DE LA FRANCE

PAR

AUGUSTE MÉNABRÉA

Percepteur à Bozel.

CHAMBÉRY

IMP. BONNE CONTE-GRAND ET COMP.

1871

RÉPUBLIQUE ET MONARCHIE

Nous avons toujours entendu, en France, les partisans de la monarchie appeler à l'appui de leur théorie favorite le droit divin.

Ils veulent dire apparemment par ces mots que Dieu, créateur et suprême ordonnateur de la société, a établi la forme monarchique comme le meilleur mode de gouvernement ; bien plus, se faisant les interprètes de la volonté divine, ils désignent la famille, le mortel qui, à l'exclusion de tous autres, a reçu mandat régulier de nous gouverner.

A cet argument, auquel il n'y aurait rien à répondre si la preuve en était faite, on ajoute des considérations tirées de la nécessité du maintien de l'unité politique de la nation, qui auraient une très-grande valeur si la France de 1871 était la France de Louis XI ou même de Richelieu.

La royauté a rempli sa mission en faisant disparaître le fractionnement des tyrannies locales, les divisions abusives des apanages, en amenant la France à sa complète unité ; elle ne serait aujourd'hui que l'inutile parodie du passé.

Il importe aussi de ne pas se payer de grands mots et de se faire une idée exacte du droit divin appliqué à la souveraineté. Et d'abord il n'est pas inutile, pour prévenir toute interprétation erronée, de faire une déclaration qui, par les temps de matérialisme et de révoltes politiques et morales où nous vivons, n'est pas superflue. Oui, pour tous les hommes sensés, pour les vrais libéraux, il est des principes basés sur le bien immuable, d'où découle tout progrès moral et intellectuel et la liberté du bien qui n'est pas cette indépendance sans frein conduisant aux abus de la force. Ces principes ne sauraient être méconnus par les gouvernements et par les peuples sans attirer sur eux des malheurs comme ceux dont nous sommes actuellement les victimes et sous la pression desquels on est obligé d'avouer cette vérité, si bien formulée dans la *Gazette* du 7 avril :

« Les peuples et les sociétés ne deviennent pas impunément athées. »

La monarchie serait-elle la forme la plus apte à maintenir les institutions sociales en rapport avec les lois de progrès moral et religieux qui constituent le vrai droit divin ?

Ici je consulte à mon tour l'histoire, et sans remonter au-delà de la dynastie bourbonnienne, je demande si les joyeusetés d'Henri IV, le faste et la légèreté de mœurs de Louis XIV, si les ignominies de Louis XV n'ont pas été une longue atteinte aux lois mórales, première condition d'existence d'un peuple. L'exemple des souverains, l'orgueilleuse et publique légitimation de leurs vices ont entraîné la noblesse, le clergé et le peuple dans cette voie d'immoralité et de cynisme qui attira sur la France la tourmente révolutionnaire.

Le martyre de Louis XVI a-t-il suffi à expier les fautes de ses prédécesseurs et rendre à sa famille les droits que plusieurs générations lui avaient reconnus et dont elle s'était rendue indigne ? On peut en douter quand le comte de Provence, témoin des malheurs sanglants de sa famille et condamné lui-même aux souffrances d'un long exil, n'en a pas moins été plus tard un roi égoïste et indolent, cherchant uniquement par sa politique de bascule à jouir de sa souveraineté sans s'occuper des devoirs qu'elle entraîne.

Les dynasties vieillissent et meurent, et ce ne sont pas des prétendants inconnus au pays tout entier qui les font revivre, surtout lorsque quarante ans, c'est-à-dire toute une génération, ont passé sur les traditions qui auraient pu les faire accepter.

Un Etat ne peut subsister si les bons n'y sont pas récompensés et les méchants punis, a dit Cicéron. C'est là, en peu de mots, le devoir le plus étroit et le plus rigoureux d'un gouvernement. Dans l'état actuel de la France, il ne peut pas être de roi à qui il soit donné de suivre cette ligne de justice, si lumineusement tracée par l'orateur philosophe. Nous verrions ce que nous avons toujours vu : les citoyens divisés en deux catégories : les dévoués, les agréables d'un côté, les hostiles et les indifférents de l'autre. Aux premiers on ne demande pas même la probité et on donne les faveurs ; aux autres on refuse la justice et on ne ménage pas les persécutions. Les services publics deviennent des services personnels ; l'armée est une garde prétorienne et ne résiste pas aux ennemis du dehors ; la police laisse commettre des monstruosités pendant des années aux abords de nos grandes villes, et surveille chaque pas, chaque geste des hommes honnêtes mais indépendants ; les intérêts du pays sont sacrifiés à de prétendues alliances qui ont pour but la sécurité des gouvernants et non le respect du droit international. En un mot : tout pour le pouvoir, rien pour le pays, voilà la formule inévitable de toute monarchie imposée ou contestée.

Et qu'on ne dise pas que c'est là le propre du césarisme et non de la royauté : quand celle-ci n'a pas pour elle, je ne dis pas la majorité mais la presque unanimité

des citoyens, elle ne sera que le césarisme, il lui faudra la moitié des ressources
et des forces du pays pour assurer avant
tout sa propre existence. Voilà comment
la monarchie indécise et impuissante ne
pourrait donner à la France qu'un calme
apparent de quelques années, par lassitude
plutôt que par équilibre ; voilà comment
elle serait un gouvernement ruineux, un
gouvernement de faveurs, aujourd'hui
sans mission possible, bien loin d'être
l'expression d'un droit divin.

En présence des conditions qui seraient
faites actuellement au système monarchique, force est bien de convenir que la
République est seule appelée à nous re-
placer dans l'ordre et que, les convulsions
inévitables de sa naissance une fois cal-
mées, ce serait une imprudence aussi
grande que gratuite de la remplacer par
une monarchie, qu'elle soit réelle, c'est-
à-dire absolue, ou fictive, c'est-à-dire
constitutionnelle. Les passions qui vont
être réduites au silence par la force et la
loi renaîtraient plus violentes et plus me-
naçantes pour l'ordre social, parce qu'elles

auraient un objectif unique contre lequel se dirigeraient toutes les attaques.

Nous avons un meilleur enseignement à tirer des cruels événements qui nous troublent à ce moment. L'émeute préparée de longue main a éclaté au moment où le gouvernement était privé de toute force sérieusement organisée, et cependant ce n'est qu'à Paris qu'elle a pu obtenir un triomphe de quelques jours, et ce n'a été qu'en surexcitant l'amour-propre national, en s'attribuant la défense de la République, en masquant ses desseins pervers sous de beaux sentiments.

Peut-être fallait-il ce bouleversement pour faire connaître la valeur de nos hommes, pour séparer l'ivraie du bon grain ; il fallait à ce Paris gigantesque et capricieux, si amateur des personnalités violentes et excentriques, ce cruel enseignement des conséquences du suffrage universel follement pratiqué, comme il faut que toute semence fermente et se désagrége pour que la plante puisse naître et prendre racine.

La loi remportera la victoire, et la République proclamée rattachera au parti de l'ordre tous les égarés qui l'ont crue en danger.

Et qu'on ne se figure pas que la province, parce qu'elle sait rester calme dans les circonstances où l'honneur et le patriotisme le demandent, n'a pas, elle aussi, des préférences pour la République. Elle ne demande pas l'établissement de communes révolutionnaires, ni le morcellement de la France, mais elle tend énergiquement à une large et féconde décentralisation qui nous délivre de cette pléthore qui nous a laissé surprendre par les Prussiens d'abord, par les révolutionnaires ensuite. Il s'agit de réveiller ce bon esprit provincial, cette influence salutaire des villes moyennes, où tout le monde se connait, villes pourvues d'une honnête magistrature et de ces bonnes facultés où on ne connaît pas de quartier Latin, où l'on ne rencontre jamais ces étudiants de 10e année qui, à Paris, montent à l'assaut des positions qu'ils n'ont pas le courage de mériter.

Ce serait une illusion d'espérer la décentralisation d'un pouvoir unique vers lequel convergeraient toutes les ambitions et d'où partirait toute impulsion; ce pouvoir nous donnerait un enseignement officiel, des députés officiels, des journaux officiels, tous ces vieux rouages officiels dont nous avons vu le mouvement enrayé par une première crise.

Quant aux partisans de l'unité, que peuvent-ils craindre pour un pays qui a une même langue, une seule législation, on peut presque dire une seule religion et, dans le domaine de la vie matérielle, un système monétaire, un système de poids et mesures unique. L'instruction publique, la culture intellectuelle et morale, les intérêts commerciaux en parfaite conformité, n'est-ce pas là toute l'unité désirable, n'avons-nous pas là des forces puissantes pour le progrès et le développement de la richesse; force dont la résultante sera un patriotisme plus ardent et sincère que le patriotisme commandé à un moment donné pour satisfaire une ambition princière ou consolider une dynastie chancelante.

La décentralisation se borne donc à la

partie administrative ; une commune des Alpes ou des Pyrénées pourrait s'administrer sans solliciter de S. Exc. le ministre de l'intérieur des *vu et approuvé* toujours longs à obtenir et jamais refusés ; le maire serait le mandataire de ses administrés et non un représentant infinitésimal du pouvoir exécutif; le canton, au lieu d'une heure de vie et de mouvement par année pour recevoir un préfet et applaudir le même discours, deviendrait un petit centre où se discuteraient les questions d'intérêt commun, où l'on examinerait la marche de l'enseignement primaire ; on y classerait les chemins vicinaux, on répartirait suivant les besoins et la justice les subventions allouées par l'État.

Le département à son tour serait-il moins heureux et moins bien dirigé si les délégués de chaque canton réunis en conseil choisissaient eux-mêmes l'administrateur départemental. Au lieu de ces préfets « météores » attirés vers les sommités des ministères et qui souvent emportent dans leur course rapide des pro-

messes non réalisées et des responsabili-
tés non dégagées, nous aurions dans
chaque département un homme du pays,
connu, estimé, intéressé à soutenir sa ré-
putation, et obligé de liquider ses comp-
tes. Je ne crois pas que dans ces limites
il soit bien difficile aux électeurs de choisir leurs mandataires avec parfaite con-
naissance de leur valeur et de leurs ca-
pacités. Le suffrage universel pour les
conseils municipaux et généraux, le suffrage de ces conseils pour les maires et
les préfets : voilà toute notre décentralisation administrative, voilà la province
émancipée de la capitale. Si des abus
peuvent se glisser dans ces rouages, après
quelques années de fonctionnement, ce
ne sera pas l'intrigue qui réussira, mais
avant tout la probité.

Serait-il impossible d'obtenir que le
principe électif fut appliqué dans toutes
nos affaires immédiates, quand il est ap-
pelé si souvent à fonctionner dans des cas
où nécessairement il marche en aveu-
gle ?

Pourrait-on voir un danger dans ce

système, quand à la tête de l'Etat existe-
rait un conseil exécutif choisi pour un
temps limité par l'assemblée législative,
incessamment contrôlé par la presse et
l'opinion publique, et chargé de gérer les
affaires générales, de concilier les intérêts communs à plusieurs départements,
et de choisir les chefs de l'armée et les
magistrats dans des conditions où figu-
reraient la moralité, l'ancienneté, les ta-
lents et les services rendus.

Cette organisation n'est pas un rêve,
une abstraction ; elle existe, même avec
la variété de législation, dans un pays où
nous ne devons pas craindre de puiser
des leçons après y avoir trouvé des preu-
ves de sympathie ; là où elle existe, elle
donne la liberté et l'ordre, ces deux biens
que la France poursuit l'un après l'autre,
qu'elle n'a jamais atteints pour les avoir
toujours séparés, et que la République
acclimatera dans ce sol où les racines
monarchiques se sont complétement des-
séchées.

(Extrait de la GAZETTE DU PEUPLE).

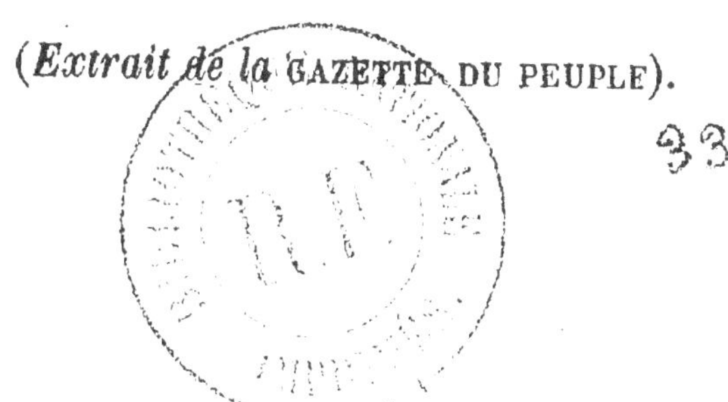

Chambéry — Imp. Bonne Conte-Grand et Cie.